Disney

Cachorros adorables

60 DIBUJOS

ANTIESTRÉS

AF278077

hachette
HEROES

El universo de las películas de animación de Disney y Pixar está repleto de pequeños héroes adorables que se embarcan en locas aventuras. Descubre a Oliver y a su chiflada familia, a Pegaso con sus alas aterciopeladas, e incluso al icónico trío de Marie, Berlioz y Toulouse. ¿Cómo no sentir ternura? Es imposible.

Entre mullidas bolas de pelo, pececillos curiosos y patitos inquietos, te van a enamorar los héroes que llenan estas páginas.

Descubre a todos tus cachorros favoritos con estos 60 dibujos para colorear y dales vida y color para que brillen aún más si cabe.

¡A por tus lápices y rotuladores!

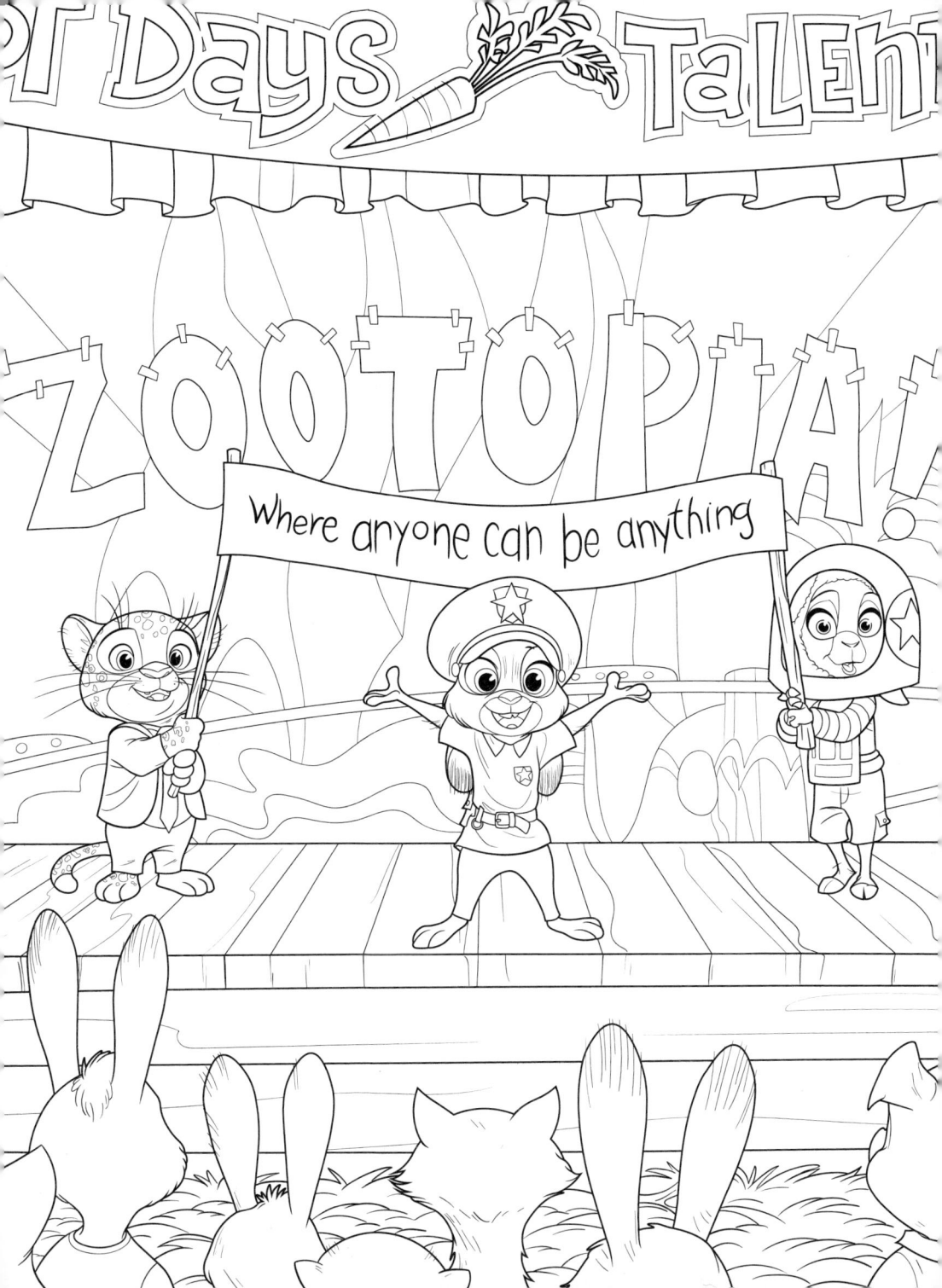

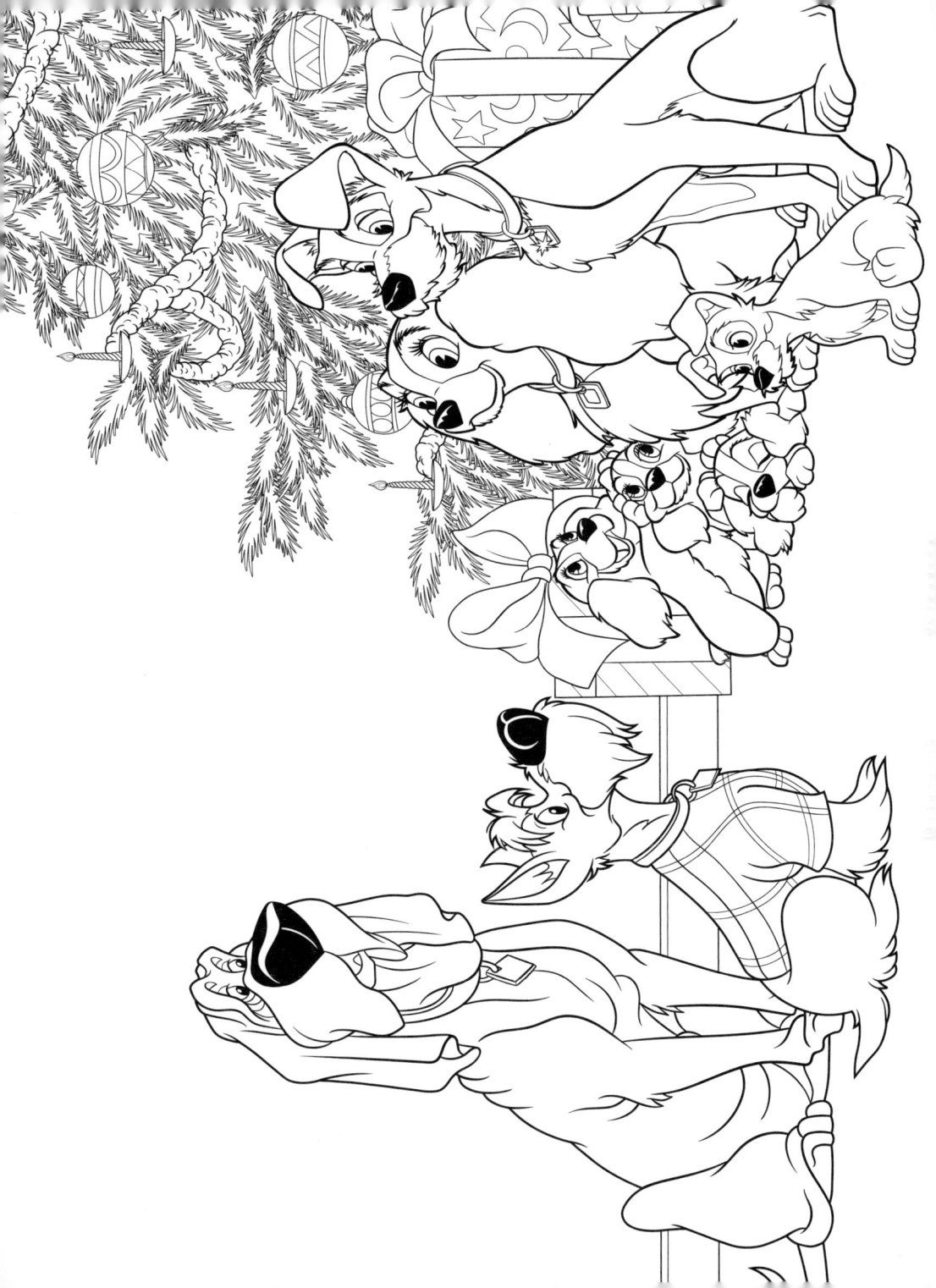

Edición francesa

© 2024, Hachette Livre (Hachette Pratique).
58, rue Jean Bleuzen – 92178 Vanves Cedex

Este libro se publicó por primera vez en Hachette Livre (Hachette Pratique)
en 2024 con el título original de *Bébés animaux.*

Dirección: Catherine Saunier-Talec
Responsable editorial: Timothée Le Mière
Dirección artística: Mélissande Mestas
Edición: Anaïs Guichard, asistida por Lea Como
Maquetación: Marie Rodriguez
Colorización de la cubierta: Charlotte Mélin
Producción: Grégory Morin

Edición española

Para la presente edición:
© Grupo Anaya, S. A., 2024
Valentín Beato, 21. 28037 Madrid

Dirección del proyecto editorial: Emmanuel Christien
Edición: Carmina Pérez Canet y Natalia Yágüez
Asistente editorial: Sonia Fonseca Bautista
Producción: Juan Antonio Barras y Natalia Yágüez
Realización editorial: Servei Gràfic NJR, SLU

ISBN: 978-84-19804-34-1
Depósito legal: M-563-2024
Impreso en España

PAPEL DE FIBRA
CERTIFICADA